南海问题面面观

〔修订版〕

吴士存◎主编

时 事 出 版 社

主　　编

吴士存：研究员、教授，中国南海研究院院长、

南京大学“中国南海研究协同创新中心”副主任

编译人员

李建伟　康霖　闫岩　罗亮　张歆悦　刘延华

Miranda Rose Regan

目　　录

01 南海在哪里？范围有多大？

南海位于中国大陆的南面，通过狭窄的海峡或水道，东与太平洋相连，西与印度洋相通，是一个东北－西南走向的半封闭海。

南海南北纵跨约 2000 公里，东西横越约 1000 公里，总面积约 350 万平方公里。

南海及其周边海域图

【审图号：GS(2015)78 号】

02 中国的南海诸岛包括哪些部分？

中国的南海诸岛包括东沙群岛、西沙群岛、中沙群岛和南沙群岛。这些群岛分别由数量不等的岛屿、沙洲、礁盘、暗沙和浅滩组成。这四个群岛都是中国领土的组成部分。其中南沙群岛岛礁最多，分布范围最大，太平岛是南沙群岛中自然形成的最大岛屿，面积约 0.5 平方公里，植被茂盛，拥有淡水。

太平岛

南威岛

中业岛

03 为什么说南海诸岛是中国领土?

中国是最早发现、命名并最早开发经营南沙群岛的国家，也是最早并持续对南沙群岛行使主权管辖的国家。中国人民早在汉代（公元前2世纪）就发现了南沙群岛。自唐代（公元8世纪末9世纪初）开始，中国历代政府通过行政设治、派遣水师巡视等方式对南沙群岛进行持续管辖。上述史实有中国历代的官方文件、地方志和官方地图等可以佐证。

20世纪初以来，历届中国政府都持续不断地维护对南沙群岛的主权。1933年，法国曾一度侵入中国南沙群岛的9个岛屿，中国政府对此提出了交涉，中国社会各界也进行了抗议。民国时期，中国政府采取了一系列积极维护主权的措施，如给在南沙群岛及

1946年11月，中国政府接收人员在太平岛上测量地形

其附近海域作业的中国渔民和渔船发放中国国旗，组织对南沙群岛的历史和地理调查，由政府地图出版审查机构重新命名和审定南海诸岛包括南沙群岛的群体和个体名称等。1939 年，日本在侵华战争中派兵侵占了南沙群岛。中国为收复被日本占领的南沙群岛进行了不懈努力。日本投降后，根据《开罗宣言》、《波茨坦公告》等一系列二战国际文件，中国恢复了对南沙群岛的主权。1946 年，中国政府实地接收了南沙群岛，同时通过一系列法律程序向全世界宣告中国恢复行使对南沙群岛的主权，包括举行接收仪式、树碑立标、派兵驻守等。

1946 年 12 月，中国政府接收人员在太平岛上留影纪念

收复南沙群岛后，中国政府内政部于1947年12月绘制了《南海诸岛位置图》，标绘了一条西起中越边界北仑河口，东至台湾岛东北共 11 段线构成

的南海断续线，线内标注了东沙、西沙、中沙和南沙四个群岛的整体名称，还标注了大量岛、礁、滩、沙的个体名称。1948年2月，《南海诸岛位置图》作为《中华民国行政区域图》的附图由中国政府内政部正式发布，南海断续线随之公布，并沿用至今。

1948年2月，中国政府正式公布的《南海诸岛位置图》

中国政府正式公布南海断续线后的相当长时间内，没有国家就此向中方提出外交交涉、表示异议。而且，许多国家出版的地图，如1952年日本出版的《标准世界地图集》、1953年苏联出版的《苏联大百科全书》附图、1964年法国出版的《拉鲁斯现代地图集》等均据此标绘了南海断续线。

1949年中华人民共和国成立后，继续行使对南沙群岛的主权。1951年，周恩来总理兼外长发表《关于美英对日和约草案及旧金山会议的声明》，明确指出“西沙群岛和南威岛正如整个南沙群岛和中沙群岛、东沙群岛一样，向为中国领土，在日本帝国主义发动侵略战争时虽曾一度沦陷，但日本投降后已为当时中国政府全部接收”，因此中国对西沙群岛、南沙群岛的主权“不论美英对日和约草案有无规定及如何规定，均不受任何影响”。1958年，中国发表《中华人民共和国政府关于领海的声明》，再次确认东沙群岛、西沙群岛、中沙群

西沙永兴岛上的三沙市政府办公大楼

岛和南沙群岛属于中国领土。1959 年，中国政府在西沙永兴岛设立“西沙、南沙、中沙群岛办事处”，隶属中国的广东省，1988 年划归新设立的海南省。1992 年，中国全国人民代表大会常务委员会颁布《中华人民共和国领海及毗连区法》，再次重申包括南沙群岛在内的南海诸岛主权属于中国。2012 年 6 月，中国政府宣布设立地级三沙市，管辖西沙群岛、中沙群岛和南沙群岛。

值得强调的是，一些南海周边国家在 20 世纪 70 年代前一直明确承认中国政府对南沙群岛的主权。

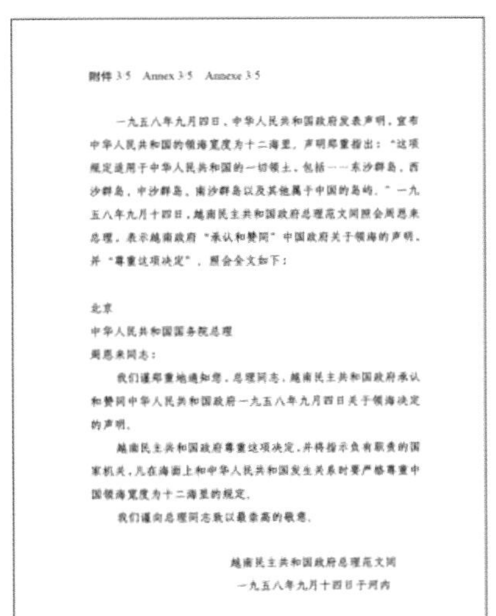

附件 3·5 Annex 3·5 Annexe 3·5

一九五八年九月四日，中华人民共和国政府发表声明，宣布中华人民共和国的领海宽度为十二海里，声明郑重指出：“这项规定适用于中华人民共和国的一切领土，包括——东沙群岛，西沙群岛，中沙群岛，南沙群岛以及其他属于中国的岛屿。”一九五八年九月十四日，越南民主共和国政府总理范文同照会周恩来总理，表示越南政府“承认和赞同”中国政府关于领海的声明，并“尊重这项决定”，照会全文如下：

北京
中华人民共和国国务院总理
周恩来同志：

我们谨郑重地通知您，总理同志，越南民主共和国政府承认和赞同中华人民共和国政府一九五八年九月四日关于领海决定的声明。

越南民主共和国政府尊重这项决定，并将指示负有职责的国家机关，凡在海面上和中华人民共和国发生关系时要严格尊重中国领海宽度为十二海里的规定。

我们谨向总理同志致以最崇高的敬意。

越南民主共和国政府总理范文同
一九五八年九月十四日于河内

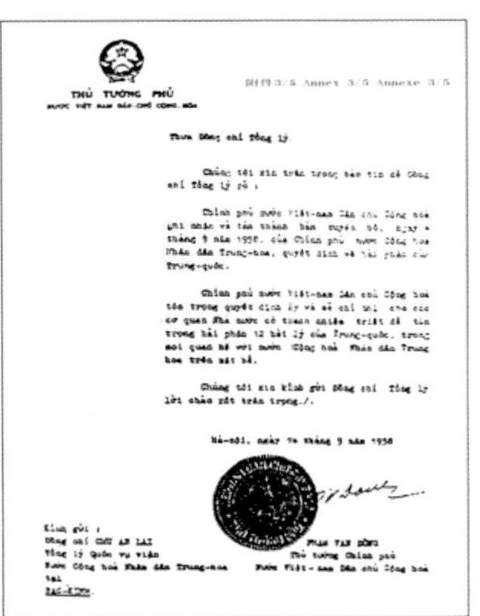

THỦ TƯỚNG PHỦ
NƯỚC VIỆT NAM DÂN CHỦ CỘNG HÒA

附件3/5 Annex 3/5 Annexe 3/5

Thưa Đồng chí Tổng lý,

Chúng tôi xin trân trọng báo tin để Đồng chí Tổng lý rõ :

Chính phủ nước Việt-nam Dân chủ Cộng hoà ghi nhận và tán thành bản tuyên bố, ngày 4 tháng 9 năm 1958, của Chính phủ nước Cộng hoà Nhân dân Trung-hoa, quyết định về hải phận của Trung-quốc.

Chính phủ nước Việt-nam Dân chủ Cộng hoà tôn trọng quyết định ấy và sẽ chỉ thị cho các cơ quan Nhà nước có trách nhiệm triệt để tôn trọng hải phận 12 hải lý của Trung-quốc, trong mọi quan hệ với nước Cộng hoà Nhân dân Trung hoa trên mặt bể.

Chúng tôi xin kính gửi Đồng chí Tổng lý lời chào rất trân trọng./.

Hà-nội, ngày 14 tháng 9 năm 1958

PHẠM VĂN ĐỒNG
Thủ tướng Chính phủ
Nước Việt-nam Dân chủ Cộng hoà

Kính gửi :
Đồng chí CHU ÂN LAI
Tổng lý Quốc vụ viện
Nước Cộng hoà Nhân dân Trung-hoa
tại
BẮC-KINH.

1958 年 9 月 14 日，越南民主共和国政府总理范文同致中华人民共和国国务院总理周恩来的照会

04 南海问题主要指什么？

南海问题主要包括两个方面：一是因一些南海周边国家对中国南沙群岛全部或部分岛礁提出领土要求并非法侵占部分岛礁而产生的领土争议；二是因南海周边国家提出的海洋管辖权主张重叠而产生的南海部分海域的划界争议。

05 南海问题是如何产生的？

20 世纪 60 年代末、70 年代初之前，南海周边国家没有对中国拥有南沙群岛的主权提出异议。直到此时，在南海并不存在争议，南海局势是平静的。

此后，随着海洋资源开发步伐不断加快，南沙海域油气资源的前景引起各方重视，一些南海周边国家开始对中国的南沙群岛的岛礁提出领土要求，甚至派兵侵占了部分岛礁，产生了当前的南沙群岛领土争端。各国还随着国际海洋法的发展逐步提出了专属经济区和大陆架主张，这些主张覆盖的范围有部分重叠，从而产生了南海部分海域的划界问题。

06 为什么说其他国家对南沙群岛的领土要求不符合国际法？

在国际法上，领土主权具有排他性的特点。中国对南沙群岛的主权早就在国际法上得到确立，其他任何国家都不得对南沙群岛提出领土要求，否则就违背了其在国际法上承担的尊重他国主权和领土完整的义务。

有的国家以南沙群岛或者其中部分岛礁离其本土更近为理由，对南沙群岛主张主权。在国际法上，所谓“地理邻近”并不能成为一国侵犯另一国领土的依据。世界上许多国家都有距本土非常遥远而距其他国家更近的领土。

有的国家以南沙群岛或其中的部分岛礁位于该国的200海里专属经济区和大陆架主张范围内为理由，提出对南沙群岛部分岛礁的主权要求，这种做法违背国际法和《联合国海洋法公约》。“陆地支配海洋”是国际法的一条基本原理，沿海国对专属经济区和大陆架的主权权利和管辖权是从领土主权派生出来的。《公约》没有任何对国家陆地领土进行变更的规定，更未赋予任何国家把本国的专属经济区和大陆架主张扩展到其他国家领土上的权利。《公约》不能构成有关国家对中国南沙群岛提出领土主权要求的依据，有关国家的所作所为是对《公约》的歪曲和滥用，也违背了《联合国宪章》关于领土主权不可侵犯的基本准则。

还有的国家试图通过加强对其侵占的南沙岛礁的实际控制来支持其非法的领土要求，这是徒劳的。“无主地”的先占取得是一条古老的国际法规则。但南沙群岛自古以来构成中国领土的组成部分，不是“无主地”。有关国家对南沙群岛部分岛礁的侵占是非法的。根据国际法，非法行为不能产生合法权利。中国政府从来没有承认这些占领行为的合法性，并一直采取积极行动维护自己的主权。

07 中国在解决南海问题方面做了哪些努力？

中国政府坚持与南海问题的当事方通过直接友好协商，根据国际法和现代海洋法，包括1982年《联合国海洋法公约》所确立的基本原则和法律制度，和平解决有关争议；主张在解决争议的过程中，有关各方均应保持克制，不采取使争议扩大化、复杂化的行动；倡导有关各方在争议最终解决前基于谅解和合作精神努力作出临时性、过渡性的安排，包括“搁置争议，共同开发”。

中国与有关国家就南海问题一直保持接触，坦诚交换意见，努力以和平方式和友好协商寻求问题的妥善解决。中国与南海问题的其他当事国分别保持着磋商和沟通，并取得不同程度的进展。

2000年，中国与越南经过长达26年的谈判，在国际法的基础上，公平解决了北部湾的领海、专属经济区和大陆架的划界问题，同时就北部湾渔业合作做出了妥善的安排。

20世纪80年代，中国政府提出了“搁置争议，共同开发”的主张

中越之间还就妥善处理海上问题达成了一系列的原则共识，包括保持海上问题谈判机制，按照国际法寻求双方都能接受的基本和长久的解

中越北部湾划界图

决办法，积极研究和商谈共同开发问题，双方都不采取使争端复杂化或扩大化的行动，共同努力维护南海局势的稳定等。

2002年11月，中国与东盟国家签署了《南海各方行为宣言》(DOC)。在DOC框架下，南海问题的有关当事方承诺通过谈判解决争议，保持克制，不采取使争议复杂化、扩大化和影响和平与稳定的行动。在和平解决领土和管辖权争议之前，有关各方承诺本着合作与谅解的精神，努力寻求各种途径建立相互信任，并探讨和开展合作。

2005年3月14日，中国海洋石油总公司与菲律宾国家石油公司、越南石油和天然气公司代表在马尼拉签署《在南中国海协议区三方联合海洋地震工作协议》

2005年，经中国推动，中国、菲律宾和越南三国的石油公司经过各自政府的批准，签订了在南海开展联合海洋地震工作的三方协议。

中国同马来西亚、文莱等国达成双边共识，将共同致力于维护南海地区的和平与稳定。

为什么不能通过多边途径解决南海问题？

南海问题是主权国家之间的领土和海洋管辖权争议，在世界其他存在类似问题的地区，一般都是由当事方直接谈判解决争议。南海问题非常复杂和敏感，解决问题的最佳途径是争议当事国之间直接谈判。中国和东盟国家签署的《南海各方行为宣言》(DOC)也确认了这一点。

许多国家关心南海的和平稳定是可以理解的。但是，让一些与争议无关的国家或国际组织参与问题的解决，甚至充当裁判，只能使南海成为国际政治的“角力场”，使争议的解决面临更多障碍，进而影响地区的和平稳定。

09 为什么不能由中国与东盟谈判解决南海问题？

南海问题是中国与其他一些南海沿岸国之间的争议，而不是中国与东盟之间的争议。东盟作为一个地区组织，不可能提出领土和海洋管辖权主张，也不可能作为争议的当事方参加谈判。由东盟整体与中国谈判解决南海问题，不符合国际常识。

2014年11月13日，中国国家总理李克强在缅甸内比都出席第九届东亚峰会期间，强调中国与东盟国家明确了以“双轨思路”处理南海问题

10 中国在南海渔业资源的养护和开发方面做了哪些事？

南海历来是中国的传统渔场和重要渔区之一。中国南海渔业开发具有悠久历史。自公元前2世纪以后的较长历史时期，中国南海渔民就世世代代以南海渔业为生，在中国西沙和南沙群岛上，至今仍保存有历代中国渔民生产生活的遗迹。

南海休渔期期间禁止捕鱼的中国渔船

中国政府在积极推进南海渔业开发的同时，采取了一系列渔业资源养护管理措施。自1998年起对海洋捕捞渔船数量和功率实行了总量控制制度，自1999年起实施南海伏季休渔制度。中国还加强了各类水生生物保护区建设，已建成国家级水生生物自然保护区4个，国家级水产种质资源保护区4个，积极推进海洋生物增殖放流和人工渔礁建设，努力改善南海生态环境，修复南海生态系统。

11 如何理解中国提出的“搁置争议、共同开发”主张？

根据国际法和国际实践，在海洋争议最终解决前，当事国在不影响各自主权和管辖权立场的前提下，应保持克制，并努力寻求就争议海域的活动达成临时性和过渡性的安排，其中可以包括对争议海域的资源进行共同开发，任何一方都不能把自己的管辖权主张强加于另一方。基于这一法律上的认识，中国在南海争议海域倡导“搁置争议，共同开发”。共同开发不仅使各方都能从中获得实际利益，同时也能为今后解决争议创造良好的环境和气氛。2005年，中国、菲律宾、越南三方石油公司经各自政府批准，在南海部分海域开展了三方联合海洋地震合作。这是在南沙争议海域朝着“共同开发”迈进的一个尝试。

12 南海问题是否影响南海航行和飞越自由？

南海是西太平洋地区的重要航行通道。有些国家担心南海争议会影响南海的航行和飞越自由。其实，南海问题是周边国家之间围绕岛礁归属和海域管辖权的争议，这种争议并不影响各国在南海依国际法享有的航行和飞越自由。实际上，并没有听说南海航行和飞越自由因南海争议的存在而受到影响的案例。

中国政府高度重视南海国际航道的安全畅通。各国的船舶和飞行器在南海享有航行和飞越自由。中国和南海周边国家一起为维护南海航行自由和海上航行安全做出了巨大努力，包括通过合作打击海盗和海上犯罪。事实上，南海是和平的，南海的国际航运通道是畅通的。维护南海航行和飞越自由与海上航行安全符合南海周边国家和世界各国的利益。

13 如何看待《南海各方行为宣言》（DOC）？

《南海各方行为宣言》（DOC）是中国与东盟国家为了维护南海地区的和平稳定、增进各方政治互信、促进合作于2002年签署的政治文件。DOC不是中国与东盟整体之间签署的文件，也不是解决南海争议的法律文件。截至2014年10月，各方已就落实DOC共举行了8次高官会和12次联合工作组会议，就维护南海和平稳定、推动南海合作深入交换意见。各方在DOC框架下举行了一系列研讨会，并逐步开展了海上联合搜救、海洋科研与环保等专业技术领域合作，各方还举行了海上联合搜救技术官员和专家的非正式会议，初步建立了该领域的联系机制。

2011年7月21日，中国—东盟外长会议就落实《南海各方行为宣言》后续行动指针达成一致

在2013年9月举行的第六次高官会上，中国与东盟国家正式在落实《宣言》框架下启动了“南海行为准则”磋商。经过多轮磋商，目前各方已就磋商模式、第一个共识文件和名人专家小组的职责范围取得一致，并探讨建立海上技术部门之间的海上紧急事态处理热线和外交部门之间的海上问题热线。

2013年9月，落实《南海各方行为宣言》第六次高官会在苏州举行，中国同东盟国家就“南海行为准则”磋商谈判达成了共识

附件 中国政府关于菲律宾所提南海仲裁案管辖权问题的立场文件【全文】（2014年12月7日）

一、引言

1.2013年1月22日，菲律宾共和国外交部照会中华人民共和国驻菲律宾大使馆称，菲律宾依据1982年《联合国海洋法公约》（以下简称《公约》）第二百八十七条和附件七的规定，就中菲有关南海“海洋管辖权”的争端递交仲裁通知，提起强制仲裁。2013年2月19日，中国政府退回菲律宾政府的照会及所附仲裁通知。中国政府多次郑重声明，中国不接受、不参与菲律宾提起的仲裁。

2.本立场文件旨在阐明仲裁庭对于菲律宾提起的仲裁没有管辖权，不就菲律宾提请仲裁事项所涉及的实体问题发表意见。本立场文件不意味着中国在任何方面认可菲律宾的观点和主张，无论菲律宾有关观点或主张是否在本立场文件中提及。本立场文件也不意味着中国接受或参与菲律宾提起的仲裁。

3.本立场文件将说明：菲律宾提请仲裁事

项的实质是南海部分岛礁的领土主权问题，超出《公约》的调整范围，不涉及《公约》的解释或适用；以谈判方式解决有关争端是中菲两国通过双边文件和《南海各方行为宣言》所达成的协议，菲律宾单方面将中菲有关争端提交强制仲裁违反国际法；即使菲律宾提出的仲裁事项涉及有关《公约》解释或适用的问题，也构成中菲两国海域划界不可分割的组成部分，而中国已根据《公约》的规定于2006年作出声明，将涉及海域划界等事项的争端排除适用仲裁等强制争端解决程序。因此，仲裁庭对菲律宾提起的仲裁明显没有管辖权。基于上述，并鉴于各国有权自主选择争端解决方式，中国不接受、不参与菲律宾提起的仲裁有充分的国际法依据。

二、菲律宾提请仲裁事项的实质是南海部分岛礁的领土主权问题，不涉及《公约》的解释或适用

4.中国对南海诸岛及其附近海域拥有无可争辩的主权。中国在南海的活动已有2000多年的

历史。中国最早发现、命名和开发经营南海诸岛，最早并持续对南海诸岛实施主权管辖。20世纪30年代至40年代，日本在侵华战争期间非法侵占中国南海岛礁。第二次世界大战结束后，中国政府恢复对南海诸岛行使主权，派遣军政官员乘军舰前往南海岛礁举行接收仪式，树碑立标，派兵驻守，进行地理测量，于1947年对南海诸岛进行了重新命名，并于1948年在公开发行的官方地图上标绘南海断续线。中华人民共和国1949年10月1日成立以来，中国政府一直坚持并采取实际行动积极维护南海诸岛的主权。1958年《中华人民共和国政府关于领海的声明》和1992年《中华人民共和国领海及毗连区法》均明确规定，中华人民共和国的领土包括东沙群岛、西沙群岛、中沙群岛和南沙群岛。上述行动一再重申了中国在南海的领土主权和相关的海洋权益。

5.20世纪70年代之前，菲律宾的法律对其领土范围有明确限定，没有涉及中国的南海岛礁。1935年《菲律宾共和国宪法》第一条“国家领土”明确规定：“菲律宾的领土包括根据

1898年12月10日美国同西班牙缔结的《巴黎条约》割让给美国的该条约第三条所述范围内的全部领土，连同1900年11月7日美国同西班牙在华盛顿缔结的条约和1930年1月2日美国同英国缔结的条约中包括的所有岛屿，以及由菲律宾群岛现政府行使管辖权的全部领土。”根据上述规定，菲律宾的领土范围限于菲律宾群岛，不涉及中国的南海岛礁。1961年《关于确定菲律宾领海基线的法案》（菲律宾共和国第3046号法案）重申了菲律宾1935年宪法关于其领土范围的规定。

6.自20世纪70年代起，菲律宾非法侵占中国南沙群岛的马欢岛、费信岛、中业岛、南钥岛、北子岛、西月岛、双黄沙洲和司令礁等岛礁；非法将中国南沙群岛部分岛礁宣布为所谓“卡拉延岛群”，对上述岛礁及其周边大范围海域提出主权主张；并对中国中沙群岛的黄岩岛提出非法领土要求。菲律宾还在有关岛礁及其附近海域非法从事资源开发等活动。

7.菲律宾上述行为违反《联合国宪章》和国际法，严重侵犯中国的领土主权和海洋权益，是非法、无效的。中国政府对此一贯坚决反对，一直进行严正交涉和抗议。

8.菲律宾将其所提仲裁事项主要归纳为以下三类：

第一，中国在《公约》规定的权利范围之外，对“九段线”（即中国的南海断续线）内的水域、海床和底土所主张的“历史性权利”与《公约》不符；

第二，中国依据南海若干岩礁、低潮高地和水下地物提出的200海里甚至更多权利主张与《公约》不符；

第三，中国在南海所主张和行使的权利非法干涉菲律宾基于《公约》所享有和行使的主权权利、管辖权以及航行权利和自由。

9.菲律宾提请仲裁的上述事项的实质是南海部分岛礁的领土主权问题，超出《公约》的调整范围，不涉及《公约》的解释或适用。仲裁庭对菲律宾提出的这些仲裁事项均无管辖权。

10.关于菲律宾提出的第一类仲裁事项，很显然，菲律宾主张的核心是中国在南海的海洋权利主张超出《公约》允许的范围。然而，无论遵循何种法律逻辑，只有首先确定中国在南海的领土主权，才能判断中国在南海的海洋权利主张是否超出《公约》允许的范围。

11.国家的领土主权是其海洋权利的基础，这是国际法的一般原则。国际法院指出，“海洋权利源自沿海国对陆地的主权，这可概括为‘陆地统治海洋’原则”（2001 年卡塔尔－巴林案判决第 185 段，亦参见 1969 年北海大陆架案判决第96段和1978年爱琴海大陆架案判决第 86 段），“因此陆地领土状况必须作为确定沿海国海洋权利的出发点”（2001 年卡塔尔－巴林案判决第 185 段、2007 年尼加拉瓜－洪都拉斯案判决第 113 段）。国际法院还强调，“国家对大陆架和专属经济区的权利基于陆地统治海洋的原则”，“陆地是一个国家对其领土向海延伸部分行使权利的法律渊源”（2012 年尼加拉瓜－哥伦比亚案判决第 140 段）。

12.《公约》序言开宗明义地指出，“认识到有需要通过本公约，在妥为顾及所有国家主权的情形下，为海洋建立一种法律秩序”。显然，“妥为顾及所有国家主权”是适用《公约》确定缔约国海洋权利的前提。

13.就本案而言，如果不确定中国对南海岛礁的领土主权，仲裁庭就无法确定中国依据《公约》在南海可以主张的海洋权利范围，更无从判断中国在南海的海洋权利主张是否超出《公约》允许的范围。然而，领土主权问题不属于《公约》调整的范畴。

14.菲律宾也十分清楚，根据《公约》第二百八十七条和附件七组成的仲裁庭对于领土争端没有管辖权。菲律宾为了绕过这一法律障碍，制造提起仲裁的依据，蓄意对自己提请仲裁的实质诉求进行精心的包装。菲律宾一再表示自己不寻求仲裁庭判定哪一方对两国均主张的岛礁拥有主权，只要求仲裁庭对中国在南海所主张的海洋权利是否符合《公约》的规定进行判定，使仲裁事项看起来好像只是关于《公约》的解释或适用问题，不涉及领土主权问题。然而，菲律宾的包装无法掩饰其提请仲裁事项的实质就是南海部分岛礁的领土主权问题。

15.关于菲律宾提出的第二类仲裁事项，中国认为，南海部分岛礁的性质和海洋权利问题与主权问题不可分割。

16.首先，只有先确定岛礁的主权，才能确定基于岛礁的海洋权利主张是否符合《公约》。

17.《公约》规定的有关专属经济区和大陆架的海洋权利均赋予对相关陆地领土享有主权的国家。脱离了国家主权，岛礁本身不拥有任何海洋权利。只有对相关岛礁拥有主权的国家，才可以依据《公约》基于相关岛礁提出海洋权利主张。在确定了领土归属的前提下，如果其他国家对该国的海洋权利主张是否符合《公约》的规定提出质疑或者提出了重叠的海洋权利主张，才会产生关于《公约》解释或适用的争端。如果岛礁的主权归属未定，一国基于岛礁的海洋权利主张是否符合《公约》规定就不能构成一个可以提交仲裁的具体而真实的争端。

18.就本案而言，菲律宾不承认中国对相关岛礁拥有主权，意在从根本上否定中国依据相关岛礁主张任何海洋权利的资格。在这种情形下，菲律宾要求仲裁庭先行判断中国的海洋权利主张是否符合《公约》的规定，是本末倒置。任何国际司法或仲裁机构在审理有关岛礁争端的案件中，从未在不确定有关岛礁主权归属的情况下适用《公约》的规定先行判定这些岛礁的海洋权利。

19.其次，在南沙群岛中，菲律宾仅仅挑出少数几个岛礁，要求仲裁庭就其海洋权利作出裁定，实质上是否定中国对南沙群岛的领土主权。

20.南沙群岛包括众多岛礁。中国历来对整个南沙群岛、而非仅对其中少数几个岛礁享有主权。1935 年中国政府水陆地图审查委员会出版《中国南海各岛屿图》，1948 年中国政府公布《南海诸岛位置图》，均将现在所称的南沙群岛以及东沙群岛、西沙群岛和中沙群岛划入中国版图。1958 年《中华人民共和国政府关于领海的声明》指出，中华人民共和国的领土包括南沙群岛。1983 年中国地名委员会公布南海诸岛部分标准地名，其中包括南沙群岛的岛礁。1992 年《中华人民共和国领海及毗连区法》也明确规定，中华人民共和国的陆地领土包括南沙群岛。

21.2011 年 4 月 14 日，中国常驻联合国代表团就有关南海问题致联合国秘书长的第CML/8/2011 号照会中亦指出：“按照《联合国海洋法公约》、1992年《中华人民共和国领海及毗连区法》和1998年《中华人民共和国专属经济区和大陆架法》的有关规定，中国的南沙群岛拥有领海、专属经济区和大陆架”。显然，按照《公约》确定中国南沙群岛的海洋权利，必须考虑该群岛中的所有岛礁。

22.菲律宾在仲裁诉求中对南沙群岛作出“切割”，只要求对其声称的“中国占领或控制的”岛礁的海洋权利进行判定，刻意不提南沙群岛中的其他岛礁，包括至今仍为菲律宾非法侵占或主张的岛礁，旨在否定中国对整个南沙群岛的主权，否认菲律宾非法侵占或主张中国南沙群岛部分岛礁的事实，从而篡改中菲南沙群岛主权争端的性质和范围。菲律宾还刻意将中国台湾驻守的南沙群岛最大岛屿——太平岛排除在“中国占领或控制”的岛礁之外，严重违反了一个中国的原则，侵犯了中国的主权和领土完整。显而易见，此类仲裁事项的实质是中菲有关领土主权的争端。

23.最后，低潮高地能否被据为领土本身明显是一个领土主权问题。

24.菲律宾认为其仲裁诉求所涉及的几个岛礁是低潮高地，不能被据为领土。对于上述岛礁是否属于低潮高地，本立场文件不作评论。应该指出的是，无论这些岛礁具有何种性质，菲律宾自己从上世纪70年代以来却一直对这些岛礁非法主张领土主权。菲律宾1978年6月11日颁布第1596号总统令，对包括上述岛礁在内的南沙群岛部分岛礁及其周边大范围的海域、海床、底土、大陆边及其上空主张主权，并将该区域设立为巴拉望省的一个市，命名为“卡拉延”。虽然2009年3月10日菲律宾通过了第9522号共和国法案，规定“卡拉延岛群”（即中国南沙群岛部分岛礁）和“斯卡伯勒礁”（即中国黄岩岛）的海洋区域将与《公约》第一百二十一条（即“岛屿制度”）保持一致，但该规定仅是对上述区域内海洋地物的海洋权利主张进行了调整，并没有涉及菲律宾对这些海洋地物，包括低潮高地的领土主张。菲律宾常驻联合国代表团在2011年4月5

日致联合国秘书长的第000228号照会中还明确表示："卡拉延岛群构成菲律宾不可分割的一部分。菲律宾共和国对卡拉延岛群的地理构造拥有主权和管辖权"。菲律宾至今仍坚持其对南沙群岛中40个岛礁的主张，其中就包括菲律宾所称的低潮高地。可见，菲律宾提出低潮高地不可被据为领土，不过是想否定中国对这些岛礁的主权，从而可以将这些岛礁置于菲律宾的主权之下。

25.低潮高地能否被据为领土本身是一个领土主权问题，不是有关《公约》的解释或适用问题。《公约》没有关于低潮高地能否被据为领土的规定。国际法院在2001年卡塔尔－巴林案的判决中明确表示："条约国际法对于低潮高地能否被视为领土的问题保持沉默。法院也不知道存在统一和广泛的国家实践，从而可能产生一项明确允许或排除将低潮高地据为领土的习惯法规则"（判决第205段）。这里的条约国际法当然包括1994年即已生效的《公约》。国际法院在2012年尼加拉瓜－哥伦比亚案的判决中虽然表示"低潮高地不能被据为领土"（判决第26段），但未指出此论断的法律依据，未涉及低潮高地作为群岛组成部分时的法律地位，也未涉及在历史上形成的对特定的海洋区域内低潮高地的主权或主权主张。无论如何，国际法院在该案中作出上述判定时没有适用《公约》。低潮高地能否被据为领土不是有关《公约》解释或适用的问题。

26.关于菲律宾提出的第三类仲裁事项，中国认为，中国在南沙群岛和黄岩岛附近海域采取行动的合法性是基于中国对有关岛礁享有的主权以及基于岛礁主权所享有的海洋权利。

27.菲律宾声称，中国在南海所主张和行使的权利非法干涉菲律宾基于《公约》所享有和行使的主权权利、管辖权以及航行权利和自由。菲律宾这一主张的前提是，菲律宾的海域管辖范围是明确而无争议的，中国的活动进入了菲律宾的管辖海域。然而事实并非如此。中菲尚未进行海域划界。对菲律宾这一主张进行裁定之前，首先要确定相关岛礁的领土主权，并完成相关海域划界。

28.需要特别指出的是，中国一贯尊重各国依据国际法在南海享有的航行自由和飞越自由。

29.综上所述，菲律宾要求在不确定相关岛礁主权归属的情况下，先适用《公约》的规定确定中国在南海的海洋权利，并提出一系列仲裁请求，违背了解决国际海洋争端所依据的一般国际法原则和国际司法实践。仲裁庭对菲律宾提出的任何仲裁请求作出判定，都将不可避免地直接或间接对本案涉及的相关岛礁以及其他南海岛礁的主权归属进行判定，都将不可避免地产生实际上海域划界的效果。因此，中国认为，仲裁庭对本案明显没有管辖权。

三、通过谈判方式解决在南海的争端是中菲两国之间的协议，菲律宾无权单方面提起强制仲裁

30.中国在涉及领土主权和海洋权利的问题上，一贯坚持由直接有关国家通过谈判的方式和平解决争端。中菲之间就通过友好磋商和谈判解决两国在南海的争端也早有共识。

31.1995 年 8 月 10 日《中华人民共和国和菲律宾共和国关于南海问题和其他领域合作的磋商联合声明》指出，双方“同意遵守”下列

原则："有关争议应通过平等和相互尊重基础上的磋商和平友好地加以解决"（第一点）；"双方承诺循序渐进地进行合作，最终谈判解决双方争议"（第三点）；"争议应由直接有关国家解决，不影响南海的航行自由"（第八点）。

32.1999 年 3 月 23 日《中菲建立信任措施工作小组会议联合公报》指出，双方承诺"遵守继续通过友好磋商寻求解决分歧方法的谅解"（联合公报第 5 段）。"双方认为，中菲之间的磋商渠道是畅通的。他们同意通过协商和平解决争议"（联合公报第 12 段）。

33.2000 年 5 月 16 日《中华人民共和国政府和菲律宾共和国政府关于 21 世纪双边合作框架的联合声明》第九点规定："双方致力于维护南海的和平与稳定，同意根据公认的国际法原则，包括1982年《联合国海洋法公约》，通过双边友好协商和谈判促进争议的和平解决。双方重申遵守1995年中菲两国关于南海问题的联合声明"。

34.2001 年 4 月 4 日《中国－菲律宾第三次建立信任措施专家组会议联合新闻声明》第

四点指出："双方认识到两国就探讨南海合作方式所建立的双边磋商机制是富有成效的，双方所达成的一系列谅解与共识对维护中菲关系的健康发展和南海地区的和平与稳定发挥了建设性作用。"

35.中菲之间关于以谈判方式解决有关争端的共识在多边合作文件中也得到确认。2002年11月4日，时任中国外交部副部长王毅作为中国政府代表与包括菲律宾在内的东盟各国政府代表共同签署了《南海各方行为宣言》(以下简称《宣言》)。《宣言》第四条明确规定，"有关各方承诺根据公认的国际法原则，包括1982年《联合国海洋法公约》，由直接有关的主权国家通过友好磋商和谈判，以和平方式解决它们的领土和管辖权争议"。

36.《宣言》签署后，中菲两国领导人又一再确认通过对话解决争端。2004年9月3日，时任菲律宾总统格罗丽亚·马卡帕加尔·阿罗约对中国进行国事访问，双方发表了《中华人民共和国政府和菲律宾共和国政府联合新闻公报》，"双方一致认为尽快积极落实中国与东盟于

2002 年签署的《南海各方行为宣言》有助于将南海变为合作之海”（联合新闻公报第 16 段）。

37.2011 年 8 月 30 日至 9 月 3 日，菲律宾总统贝尼尼奥·阿基诺对中国进行国事访问。9 月1日，双方发表《中华人民共和国和菲律宾共和国联合声明》，“重申将通过和平对话处理争议”，并“重申尊重和遵守中国与东盟国家于2002年签署的《南海各方行为宣言》”（联合声明第15段）。《联合声明》确认了《宣言》第四条关于谈判解决有关争端的规定。

38.中菲双边文件在提及以谈判方式解决有关争端时反复使用了“同意”一词，确立两国之间相关义务的意图非常明显。《宣言》第四条使用了“承诺”一词，这也是协议中通常用以确定当事方义务的词语。国际法院在2007年波斯尼亚和黑塞哥维那诉塞尔维亚和黑山关于适用《防止和惩治灭种罪公约》案的判决中对“承诺”一词有以下明确的解释：“‘承诺’这个词的一般含义是给予一个正式的诺言，以约束自己或使自己受到约束，是给予一个保证或诺言来表示同意、接受某一义务。它在规定缔约国义务的条约中经常出现……它并非只被用来提倡或表示某种目标”（判决第 162 段）。此外，根据国际法，一项文件无论采用何种名称和形式，只要其为当事方创设了权利和义务，这种权利和义务就具有拘束力（参见1994年卡塔尔－巴林案判决第 22 段至第 26 段；2002 年喀麦隆－尼日利亚案判决第 258 段、第 262 段和第 263 段）。

39.上述中菲两国各项双边文件以及《宣言》的相关规定一脉相承，构成中菲两国之间的协议。两国据此承担了通过谈判方式解决有关争端的义务。

40.中菲双边文件和《宣言》第四条反复重申以谈判方式和平解决南海争端，并且规定必须在直接有关的主权国家之间进行，显然排除了第三方争端解决程序。前述 1995 年 8 月 10 日《中华人民共和国和菲律宾共和国关于南海问题和其他领域合作的磋商联合声明》第三点指出“双方承诺循序渐进地进行合作，最终谈判解决双方争议”，这里的“最终”一词显然在强调“谈判”是双方唯一的争端解决方式，双方没有意向选择第三方争端解决程序。中菲双边文件和《宣言》第四条虽然没有明文使用“排除其他程序”的表述，但正如2000年南方蓝鳍金枪鱼仲裁案裁决所称：“缺少一项明示排除任何程序[的规定]不是决定性的”（裁决第57段）。如前所述，中国在涉及领土主权和海洋权利的问题上，一贯坚持由直接有关国家通过谈判的方式和平解决争端。在上述中菲双边文件和《宣言》的制订过程中，中国的这一立场始终是明确的，菲律宾及其他有关各方对此也十分清楚。

41.因此，对于中菲在南海的争端的所有问题，包括菲律宾提出的仲裁事项，双方同意的争端解决方式只是谈判，排除了其他任何方式。

42.即使菲律宾提出的仲裁事项涉及《公约》的解释或适用问题，在中菲之间已就通过谈判方式解决有关争端达成协议的情况下，《公约》第十五部分第二节的强制争端解决程序也不适用。

43.《公约》第二百八十条规定：“本公约的任何规定均不损害任何缔约国于任何时候协议

用自行选择的任何和平方法解决它们之间有关本公约的解释或适用的争端的权利。”《公约》第二百八十一条第一款规定：“作为有关本公约的解释或适用的争端各方的缔约各国，如已协议用自行选择的和平方法来谋求解决争端，则只有在诉诸这种方法而仍未得到解决以及争端各方间的协议并不排除任何其他程序的情形下，才适用本部分所规定的程序。”

44.如前分析，中菲两国已通过双边、多边协议选择通过谈判方式解决有关争端，没有为谈判设定任何期限，而且排除适用任何其他程序。在此情形下，根据《公约》上述条款的规定，有关争端显然应当通过谈判方式来解决，而不得诉诸仲裁等强制争端解决程序。

45.菲律宾声称，1995 年之后中菲两国就菲律宾仲裁请求中提及的事项多次交换意见，但未能解决争端；菲律宾有正当理由认为继续谈判已无意义，因而有权提起仲裁。事实上，迄今为止，中菲两国从未就菲律宾所提仲裁事项进行过谈判。

46.根据国际法，一般性的、不以争端解决为目的的交换意见不构成谈判。2011 年国际法院在格鲁吉亚 – 俄罗斯联邦案的判决中表示，“谈判不仅是双方法律意见或利益的直接对抗，或一系列的指责和反驳，或对立主张的交换”，“谈判……至少要求争端一方有与对方讨论以期解决争端的真诚的努力”（判决第157段），且“谈判的实质问题必须与争端的实质问题相关，后者还必须与相关条约下的义务相关”（判决第 161 段）。

47.南海问题涉及多个国家，其解决绝非易事。有关各方至今仍在为最终谈判解决南海问题创造条件。在此背景下，中菲之间就有关争端交换意见，主要是应对在争议地区出现的突发事件，围绕防止冲突、减少摩擦、稳定局势、促进合作的措施而进行的。即使按照菲律宾列举的证据，这些交换意见也远未构成谈判。

48.近年来，中国多次向菲律宾提出建立“中菲海上问题定期磋商机制”的建议，但一直未获菲律宾答复。2011年9月1日，双方发表《中华人民共和国和菲律宾共和国联合声明》，双方再次承诺通过谈判解决南海争端。然而未待谈判正式开始，菲律宾却于 2012 年 4 月 10 日动用军舰进入中国黄岩岛海域抓扣中国的渔船和渔民。对于菲律宾的挑衅性行动，中国被迫采取了维护主权的反制措施。此后，中国再次向菲律宾建议重启中菲建立信任措施磋商机制，仍未得到菲律宾回应。2012 年 4 月 26 日，菲律宾外交部照会中国驻菲律宾大使馆，提出要将黄岩岛问题提交第三方司法机构，没有表达任何谈判的意愿。2013 年 1 月 22 日，菲律宾即单方面提起了强制仲裁程序。

49.中菲此前围绕南海问题所进行的交换意见，也并非针对菲律宾所提的仲裁事项。例如，菲律宾援引1997年5月22日中国外交部关于黄岩岛问题的声明，以证明中菲之间就黄岩岛的海洋权利问题存在争端并已交换意见；但菲律宾故意没有援引的是，中国外交部在声明中明确指出:“黄岩岛的问题是领土主权问题，专属经济区的开发和利用是海洋管辖权问题，两者的性质和所适用的法律规则都截然不同，不能混为一谈。菲方试图以海洋管辖权侵犯中国领土主权的企图是完全站不住脚的。”这一声明的含义是，菲律宾不得借口黄岩岛位于其主张的专属经济区范围内，否定中国对该岛的领土主权。可见，上述交换意见的核心是主权问题。

50.还需注意的是，菲律宾试图说明中菲两国自 1995 年起交换意见的事项是关于《公约》解释或适用的问题，但这是不符合事实的。历史上，菲律宾于 1961 年 6 月 17 日颁布第 3046 号共和国法案，将位于菲律宾群岛最外缘各岛以外、由 1898 年美西《巴黎条约》等国际条约所确定的菲律宾边界线以内的广阔水域纳入菲律宾领海，领海的宽度大大超过 12 海里。菲律宾于 1978 年 6 月 11 日颁布第 1596 号总统令，对所谓“卡拉延岛群”（即中国南沙群岛部分岛礁）及其周边大范围的海域、海床、底土、大陆边及其上空主张主权。菲律宾自己也承认，直到2009年3月 10 日通过的第 9522 号共和国法令，菲律宾才开始使其国内法与《公约》相协调，以期完全放弃与《公约》不符的海洋权利主张。该法令首次规定，“卡拉延岛群”（即中国南沙群岛部分岛礁）和“斯卡伯勒礁”（即中国黄岩岛）的海洋区域将与《公约》第一百二十一条（即“岛屿制度”）保持一致。既然菲律宾自己都认为，其直到 2009 年才开始放弃以往与《公约》不符的海洋权利主张，那么何谈中菲两国自 1995 年起已就与本仲裁案有关的《公约》解释或适用的问题交换意见。

51.菲律宾声称，由于中国自己已严重违反了《宣言》的规定，所以无权援引《宣言》第四条来排除仲裁庭对本案的管辖权。上述说法严重违背事实。菲律宾指责中国采取包括威胁使用武力的行动驱离在黄岩岛海域长期、持续作业的菲律宾渔民，以及中国阻止菲律宾对在仁爱礁坐滩的军舰和人员进行补给，试图说明中国违反了《宣言》的规定。但事实是，在黄岩岛问题上，菲律宾首先采取威胁使用武力的手段，于2012年4 月 10 日非法派出军舰在黄岩岛海域强行扣留、逮捕中国渔船和渔民。在仁爱礁问题上，菲律宾一艘军舰于1999年5月以所谓“技术故障”为借口，在中国南沙群岛的仁爱礁非法坐滩。中国多次向菲律宾提出交涉，要求菲律宾立即拖走该舰。菲律宾也曾多次向中国明确承诺拖走因“技术故障”坐滩的军舰。然而 15 年来，菲律宾不仅违背此前承诺，拒不拖走有关军舰，反而试图在该礁上修建固定设施。2014 年 3 月 14 日，菲律宾还公开宣称其在 1999 年是将该军舰作为永久设施部署在仁爱礁。针对菲律宾的上述挑衅行为，中国被迫采取了必要的措施。因此，菲律宾对中国的指责是毫无道理的。

52.菲律宾一方面为支持其提起的仲裁而否认《宣言》第四条的效力，另一方面，却又在2014年8月1日外交部声明中提出解决南海问题的倡议，要求各方遵守《宣言》第五条的规定，并且“全面、有效执行《宣言》”。菲律宾对《宣言》所采取的这种自相矛盾、出尔反尔的做法，明显违反国际法上的诚信原则。

53.诚信原则要求各国对相互达成的协议作出诚实的解释，不得为了获取不正当的利益，而对协议作出违反原意的曲解。诚信原则至关重要，它体现在《联合国宪章》第二条第二款中，涉及国际法的各个方面（参见罗伯特·詹宁斯和亚瑟·瓦茨1992年所编《奥本海国际法》第9版第一卷第 38 页）。国际法院在 1974 年澳大利亚－法国核试验案的判决中指出，“指导制订和履行国际义务的基本原则之一就是诚信原则，无论这种义务是基于什么渊源，信任与信心是国际合作的根本”（判决第46段）。

54. 中国愿借此机会强调，《宣言》是中国与东盟国家经过多年耐心的谈判，在相互尊重、互谅互让的基础上达成的重要文件。在《宣言》中，有关各方承诺由直接有关的主权国家通过友好磋商和谈判解决它们的领土和管辖权争议；各方重申以《联合国宪章》宗旨和原则、1982年《公约》、《东南亚友好合作条约》、和平共处五项原则以及其它公认的国际法原则作为处理国家间关系的基本准则；各方承诺根据上述原则，在平等和相互尊重的基础上，探讨建立信任的途径；各方重申尊重并承诺包括1982年《公约》在内的公认的国际法原则所规定的在南海的航行及飞越自由；各方承诺保持自我克制，不采取使争议复杂化、扩大化和影响和平与稳定的行动，包括不在现无人居住的岛、礁、滩、沙或其他自然构造上采取居住的行动，并以建设性的方式处理它们的分歧。此外，《宣言》还详细列出有关各方在和平解决它们的领土和管辖权争议之前，建立相互信任的途径和开展合作的领域。作为落实《宣言》的后续行动，各方承诺将磋商制定“南海行为准则”。

55.《宣言》对稳定南海局势、促进中国与东盟国家的海上合作和增信释疑起到了积极作用。《宣言》每项条款均构成该文件不可分割的组成部分。否定《宣言》的作用，将导致中国和东盟国家南海合作关系的严重倒退。

56.菲律宾作为东盟成员，参与了《宣言》的整个磋商过程，应当十分清楚《宣言》对通过谈判和平解决南海问题的重要性。目前，中国和包括菲律宾在内的东盟国家已建立工作机制积极落实《宣言》，并就“南海行为准则”展开磋商，维护南海局势的稳定，为南海问题的最终和平解决创造条件。菲律宾现在提起强制仲裁程序，与中国和东盟国家的共同愿望和努力背道而驰，其目的并非像菲律宾所标榜的那样寻求和平解决南海问题，而是试图通过仲裁向中国施加政治压力，以通过对《公约》的所谓“解释或适用”来达到否定中国在南海的合法权利，并按其单方面主张和意愿解决南海问题的目的。对此，中国当然不能接受。

四、即使菲律宾提出的仲裁事项涉及有关《公约》解释或适用的问题，也构成海域划界不可分割的组成部分，已被中国2006年声明所排除，不得提交仲裁

57.《公约》第十五部分确认了缔约国可以书面声明就特定事项排除适用该部分第二节规定的强制争端解决程序。中国2006年作出此类声明，符合《公约》有关规定。

58.2006年8月25日，中国根据《公约》第二百九十八条的规定向联合国秘书长提交声明。该声明称："关于《公约》第二百九十八条第1款（a）、（b）和（c）项所述的任何争端，中华人民共和国政府不接受《公约》第十五部分第二节规定的任何程序"。也就是说，对于涉及海域划界、历史性海湾或所有权、军事和执法活动以及安理会执行《联合国宪章》所赋予的职务等争端，中国政府不接受《公约》第十五部分第二节下的任何强制争端解决程序，包括强制仲裁。

中国坚信，直接有关的主权国家进行友好磋商和谈判，是和平解决中国与周边邻国间的海洋争端最有效的方式。

59.中国与菲律宾是海上邻国，两国属于《公约》第七十四条和第八十三条所指的“海岸相向或相邻的国家”，两国之间存在海域划界问题。由于中菲有关岛礁领土争端悬而未决，两国尚未进行海域划界谈判，但已开展合作为最终划界创造条件。

60.2004 年 9 月 3 日，中菲双方发表《中华人民共和国政府和菲律宾共和国政府联合新闻公报》，指出“双方重申将继续致力于维护南海地区的和平与稳定。在尚未全面并最终解决南海地区的领土和海洋权益争端前，双方将继续探讨共同开发等合作”（联合新闻公报第 16 段）。

61.上述联合声明发表的前两天，经中菲两国政府批准并在两国元首的见证下，中国海洋石油总公司与菲律宾国家石油公司签署《南中国海部分海域联合海洋地震工作协议》。该协议于2005年3月14日扩大为中国、菲律宾、越南三方之间的协议。这是有关国家加强合作，为谈判解决南海争端创造条件的有益尝试。该协议适用范围就在菲律宾此次提起仲裁所涉海域之内。

62.2005年4月28日，时任中国国家主席胡锦涛对菲律宾进行国事访问期间，双方发表《中华人民共和国和菲律宾共和国联合声明》，“同意继续致力于维护南海地区的和平与稳定”，“对中国海洋石油总公司、越南油气总公司和菲律宾国家石油公司签订《南中国海协议区三方联合海洋地震工作协议》表示欢迎”（联合声明第16段）。

63.2007年1月16日，时任中国国务院总理温家宝对菲律宾进行正式访问期间，双方发表《中华人民共和国和菲律宾共和国联合声明》，再次表示，“南海三方联合海洋地震工作可以成为本地区合作的一个示范。双方同意，可以探讨将下一阶段的三方合作提升到更高水平，以加强本地区建立互信的良好势头”（联合声明第12段）。

64.可见，中菲之间对于通过合作促进海域划界问题的最终解决已有共识。鉴于中国2006

年作出的声明，菲律宾不得单方面将海域划界问题提交仲裁。

65.为了掩盖中菲海域划界争端的实质，绕过中国2006年声明，菲律宾将海域划界争端拆分，抽取其中几个事项作为孤立的问题提交仲裁，要求仲裁庭分别进行所谓的“法律解释”。

66.不难看出，菲律宾提出的各项仲裁事项，包括海洋权利主张、岛礁性质和海洋权利范围，以及海上执法活动等等，均是国际司法或仲裁机构在以往海域划界案中所审理的主要问题，也是国家间海域划界实践中需要处理的问题。这些问题属于海域划界不可分割的组成部分。

67.海域划界是一项整体、系统工程。《公约》第七十四条和第八十三条规定，海岸相向或相邻国家间的海域划界问题，“应在《国际法院规约》第三十八条所指国际法的基础上以协议划定，以便得到公平解决”。国际司法判例和国家实践均确认，为使海域划界取得公平的结果，必须考虑所有相关因素。基于上述，适用于海域划界的国际法，既包括《公约》，也包括一般国际法。海域划界既涉及权利基础、岛礁效力等问题，也涉及划界原则和方法，以及为实现公平解决所必须考虑的所有相关因素。

68.菲律宾提出的仲裁事项构成中菲海域划界不可分割的组成部分，只能在中菲海域划界的框架下，与有关当事方基于《公约》、一般国际法和长期历史实践所享有的相关权利和利益结合起来，予以综合考虑。菲律宾将中菲海域划界问题拆分并将其中的部分问题提交仲裁，势必破坏海域划界问题的整体性和不可分割性，违背海域划界应以《国际法院规约》第三十八条所指国际法为基础以及必须“考虑所有相关因素”的原则，将直接影响今后中菲海域划界问题的公平解决。

69.菲律宾表面上不要求进行划界，但却请求仲裁庭裁定部分岛礁是菲律宾专属经济区和大陆架的一部分，裁定中国非法干涉菲律宾对其专属经济区和大陆架享有和行使主权权利，等等。上述仲裁请求显然是要求仲裁庭确认相关海域属于菲律宾的专属经济区和大陆架，菲律宾在该海域有权行使主权权利和管辖权，这实际上是在变相地要求仲裁庭进行海域划界。菲律宾提出的各项仲裁事项，实际上已涵盖了海域划界的主要步骤和主要问题，如果仲裁庭实质审议菲律宾的各项具体主张，就等于是间接地进行了海域划界。

70.缔约国根据《公约》第二百九十八条作出的排除性声明理应受到尊重，菲律宾试图绕过中国排除性声明提起强制仲裁的做法是滥用《公约》规定的争端解决程序。

71.中国 2006 年排除性声明一经作出即应自动适用，其效力是，根据《公约》第二百九十九条的规定，未经中方同意，其他国家不得针对中国就相关争端单方面提交强制争端解决程序。同时，中国也放弃了就同类争端针对其他国家单方面提起强制争端解决程序的权利，体现了权利与义务的对等。

72.菲律宾辩称，中国作为《公约》的缔约国，按照《公约》第二百八十七条的规定，未在该条所列的四种强制争端解决程序中作出选择，应被视为已接受强制仲裁程序。这种观点是有意误导。中国2006年声明的目的和效果就是对于特定事项完全排除适用强制争端解决程序。

无论中国对《公约》第二百八十七条所列的四种强制争端解决程序是否作出选择，只要是属于中国2006年声明所涵盖的争端，中国就已经明确排除了适用《公约》第十五部分第二节下的任何强制争端解决程序包括强制仲裁的可能性。

73.尽管菲律宾认为其所提仲裁事项不属于中方2006年声明所涵盖的争端，但在中国对此持不同看法的情况下，菲律宾应先行与中国解决该问题，然后才能决定能否提交仲裁。如果按照菲律宾的逻辑，任何国家只要单方面声称有关争端不是另一国排除性声明所排除的争端，即可单方面启动强制仲裁程序，那么《公约》第二百九十九条的规定就变得毫无意义。

74.自《公约》生效以来，本案是第一例在一国已作出排除性声明的情况下，另一国针对该声明所涵盖的争端单方面启动强制仲裁程序的案件。如果菲律宾这种“设计”的争端被认为可以满足强制仲裁管辖权的条件，那么可以设想，第二百九十八条所列的任何争端均可以按照菲律宾的方法与《公约》某些条款的解释或适用问题联系起来，都可以提起第十五部分第二节的强制争端解决程序。若可以如此适用《公约》，那么，《公约》第二百九十八条还有何价值？目前35个国家所作出的排除性声明还有何意义？中国认为，菲律宾单方面提起仲裁，是在滥用《公约》规定的强制争端解决程序，对《公约》争端解决机制的严肃性构成严重的挑战。

75.综上所述，即使菲律宾提请仲裁的事项涉及有关《公约》的解释或适用的问题，也是海域划界争端不可分割的组成部分，已被中国2006年声明所排除，菲律宾不得就此提起强制仲裁程序。

五、中国自主选择争端解决方式的权利应得到充分尊重，中国不接受、不参与菲律宾提起的仲裁具有充分的国际法依据

76.根据国际法，各国享有自主选择争端解决方式的权利。任何国际司法或仲裁机构针对国家间争端行使管辖权必须以当事国的同意为基础，即“国家同意原则”。基于这一原则，出

席第三次联合国海洋法会议的各国代表经过长期艰苦的谈判，作为一揽子协议，达成了《公约》第十五部分有关争端解决机制的规定。

77.《公约》第十五部分规定的强制争端解决程序只适用于有关《公约》解释或适用的争端；缔约国有权自行选择第十五部分规定以外的其他争端解决方式；《公约》第二百九十七条和第二百九十八条还针对特定种类的争端规定了适用强制争端解决程序的限制和例外。

78.《公约》第十五部分这种平衡的规定，也是许多国家决定是否成为《公约》缔约国时的重要考虑因素。在1974年第三次联合国海洋法会议第二期会议上，萨尔瓦多大使雷纳多·佳林多·波尔在介绍关于《公约》争端解决的第一份草案时强调，有必要将直接涉及国家领土完整的问题作为强制管辖的例外。否则，许多国家可能不会批准甚至不会签署《公约》(参见沙巴泰·罗森和路易斯·索恩1989年所编《1982年<联合国海洋法公约>评注》第5卷第88页第297.1段)。因此，在解释和适用《公约》第十五部分的规定时，必须维护该部分的平衡和完整。

79.中国重视《公约》强制争端解决程序在维护国际海洋法律秩序方面的积极作用。中国作为《公约》缔约国，接受了《公约》第十五部分第二节有关强制争端解决程序的规定。但是，中国接受该规定的适用范围不包括领土主权争端，不包括中国与其他缔约国同意以自行选择的方式加以解决的争端，也不包括《公约》第二百九十七条和中国 2006 年根据《公约》第二百九十八条所作声明排除的所有争端。对于菲律宾所提仲裁事项，中国从未接受《公约》第十五部分第二节规定的任何强制争端解决程序。

80.根据国家主权原则，争端当事国可自行选择争端解决方式，《公约》对此予以确认。《公约》第二百八十条规定:“本公约的任何规定均不损害任何缔约国于任何时候协议用自行选择的任何和平方法解决它们之间有关本公约的解释或适用的争端的权利。”

81.当事国自行选择的争端解决方式优先于《公约》第十五部分第二节规定的强制争端解决程序。《公约》第十五部分第一节的第二百八十一条第一款规定:“作为有关本公约的解释或适用的争端各方的缔约各国，如已协议用自行选择的和平方法来谋求解决争端，则只有在诉诸这种方法而仍未得到解决以及争端各方间的协议并不排除任何其他程序的情形下，才适用本部分所规定的程序。”《公约》第二百八十六条也规定:“在第三节限制下，有关本公约的解释或适用的任何争端，如已诉诸第一节而仍未得到解决，经争端任何一方请求，应提交根据本节具有管辖权的法院或法庭。”可见，只要当事方已经自行选择争端解决方式并且排除其他任何程序,《公约》规定的强制争端解决程序就完全不适用。

82.缔约国自行选择争端解决方式的优先性和重要性在2000年南方蓝鳍金枪鱼仲裁案裁决中得到了进一步肯定。仲裁庭指出，“《公约》远未建立一个真正全面的、有拘束力的强制管辖制度”(裁决第62段),“《公约》第二百八十一条第一款允许缔约国将第十五部分第二节强制程序的适用限定在所有当事方均同意提交的案件”(裁决第62段)。如果第十五部分第一节的规定不能得到有效遵守，就会实质上剥夺缔约国基于国家主权自行选择争端解决方式的权利，从而违反国家同意原则，破坏《公约》第十五部分的平衡和完整。

83.相关司法或仲裁机构在行使确定自身管辖权方面的权力时，也必须充分尊重缔约国自行选择争端解决方式的权利。《公约》第二百八十八条第四款规定:“对于法院或法庭是否具有管辖权如果发生争端，这一问题应由该法院或法庭以裁定解决。”中国尊重相关司法或仲裁机构根据《公约》所享有的上述权力，但同时强调，相关司法或仲裁机构在行使其权力时不应损害缔约国自行选择争端解决方式的权利，不应损害国际司法或仲裁必须遵循的国家同意原则。中国认为，这是仲裁庭在适用第二百八十八条第四款的规定确定自身管辖权时所必须受到的限制。总而言之，“争端当事方是争端解决程序完全的主人”（沙巴泰·罗森和路易斯·索恩1989年所编《1982年<联合国海洋法公约>评注》第5卷第20页第280.1段）。

84.中国尊重所有缔约国依据《公约》的规定适用强制争端解决程序的权利。同时，需要强调的是，《公约》第三百条规定："缔约国应诚意履行根据本公约承担的义务，并应以不致构成滥用权利的方式，行使本公约所承认的权利、管辖权和自由。"菲律宾明知其所提出的仲裁事项本质上是岛礁领土主权问题，明知中国从未同意就有关争端接受强制争端解决程序，明知中菲之间存在关于通过谈判方式解决有关争端的协议，还要单方面提起强制仲裁，违反了《公约》的相关规定，无助于争端的和平解决。

85.鉴于上述，并基于仲裁庭对本案显然不具有管辖权，中国政府决定不接受、不参与仲裁程序，以捍卫中国自主选择争端解决方式的主权权利，确保中国依据《公约》于2006年作出的排除性声明起到应有的效力，维护《公约》第十五部分的完整性以及国际海洋法律制度的权威性和严肃性。中国的这一立场不会改变。

六、结论

86.中国认为，仲裁庭对于菲律宾单方面就中菲在南海的争端提起的强制仲裁明显没有管辖权。

第一，菲律宾提请仲裁事项的实质是南海部分岛礁的领土主权问题，超出《公约》的调整范围，不涉及《公约》的解释或适用；

第二，以谈判方式解决在南海的争端是中菲两国通过双边文件和《宣言》所达成的协议，菲律宾单方面将中菲有关争端提交强制仲裁违反国际法；

第三，即使菲律宾提出的仲裁事项涉及有关《公约》解释或适用的问题，也构成中菲两国海域划界不可分割的组成部分，而中国已经根据《公约》的规定于 2006 年作出声明，将涉及海域划界等事项的争端排除适用仲裁等强制争端解决程序；

第四，中国从未就菲律宾提出的仲裁事项接受过《公约》规定的强制争端解决程序；仲裁庭应充分尊重缔约国自行选择争端解决方式的权利，在《公约》规定的限度内行使其确定管辖权方面的权力；菲律宾提起仲裁是对《公约》强制争端解决程序的滥用。中国不接受、不参与该仲裁具有充分的国际法依据。

87.中国一贯奉行睦邻友好政策，主张在和平共处五项原则基础上，通过平等协商，公平合理地解决领土争端和海域划界问题。中国认为，谈判始终是国际法认可的和平解决国际争端最直接、最有效和最普遍的方式。

88.经过长期的外交努力和谈判，中国与14个陆地邻国中的12个国家妥善解决了边界问题，划定和勘定的边界线长度达两万公里，占中国陆地边界总长度的90%。在海上，2000年12月25日中国与越南通过谈判签订了《中华人民共和国和越南社会主义共和国关于两国在北部湾领海、专属经济区和大陆架的划界协定》，划定了两国在北部湾的海上边界。中国还于1997年11月11日与日本签署了《中华人民共和国和日本国渔业协定》，2000年8月3日与韩国签署了《中华人民共和国政府和大韩民国政府渔业协定》，2005年12月24日与朝鲜签署了《中华人民共和国政府和朝鲜民主主义人民共和国政府关于海上共同开发石油的协定》，作为海域划界前的临时性安排。

89.事实证明，只要相关国家秉持善意，在平等互利基础上进行友好协商谈判，就可以妥善地解决领土争端和海域划界问题。对于中国与菲律宾之间的有关争端，中国也坚持同样的原则和立场。

90.中国不认为在当事方同意的基础上将争端提交仲裁是不友好的行为。但是，在涉及领土主权和海洋权利的问题上，明知他国已明确表示不接受仲裁，明知双方已承诺通过双边直接谈判解决争端，还要强行将争端诉诸仲裁，就不能被认为是友善的行为，更不能被认为是坚持法治的精神，因为这与国际法的基本原则背道而驰，违反国际关系基本准则。这种做法不仅不可能使两国争端得到妥善解决，反而会进一步损害两国之间的互信，使两国之间的问题进一步复杂化。

91.近年来，菲律宾在黄岩岛和仁爱礁等问题上不断采取新的挑衅行动，不仅严重损害了中菲之间的政治互信，也破坏了中国与东盟国家共同落实《宣言》、磋商制订“南海行为准则”的良好氛围。事实上，过去几年来，在东南亚地区，不是菲律宾所描绘的“中国变得更强势”，而是菲律宾自己变得更具挑衅性。

92.南海问题涉及多个国家，加上各种复杂的历史背景和敏感的政治因素，需要各方的耐心和政治智慧才能实现最终解决。中国坚持认为，有关各方应当在尊重历史事实和国际法的基础上，通过协商和谈判寻求妥善的解决办法。在有关问题得到彻底解决之前，各方应当开展对话，寻求合作，维护南海的和平与稳定，不断增信释疑，为问题的最终解决创造条件。

93.菲律宾单方面提起仲裁的做法，不会改变中国对南海诸岛及其附近海域拥有主权的历史和事实，不会动摇中国维护主权和海洋权益的决心和意志，不会影响中国通过直接谈判解决有关争议以及与本地区国家共同维护南海和平稳定的政策和立场。

图书在版编目（CIP）数据

南海问题面面观：中文版 / 吴士存主编. —北京：时事出版社，2011.9（2014.12 修订）
ISBN 978-7-80232-464-0

Ⅰ.①南··· Ⅱ.①吴··· Ⅲ.①南海－国际问题－研究 Ⅳ.①D815

中国版本图书馆 CIP 数据核字（2011）第 185511 号

出 版 发 行：时事出版社
地　　　址：北京市海淀区万寿寺甲 2 号
邮　　　编：100081
发 行 热 线：（010）88547590　88547591
读者服务部：（010）88547595
传　　　真：（010）88547592
电 子 邮 箱：shishichubanshe@sina.com
网　　　址：www.shishishe.com
印　　　刷：北京百善印刷厂

开本：787 × 1092　1/16　印张：4.75　字数：165 千字
2011 年 9 月第 1 版　2014 年 12 月第 2 次印刷
定价：45.00 元

审图号：GS（2015）78 号
本图册中国国界线系按照中国地图出版社 1989 年出版的 1:400 万《中华人民共和国地形图》绘制